ANKREUZEN, AUSFÜLLEN, MALEN UND NACH HERZENSLUST KRITZELN: SCHREIB PLAYLISTS UND UNNÜTZE BRIEFE! NOTIERE DIE NACHRICHTEN, DIE DU DICH NICHT TRAUST ABZUSCHICKEN, UND DIE, DIE DU LIEBER NICHT VERSENDET HÄTTEST. UND DANN NIMM DIR AUCH MAL DIE ZEIT, DAS PERFEKTE SANDWICH ZU ZEICHNEN.

ADAM J. KURTZ IST GRAPHIKDESIGNER UND LEBT IN NEW YORK.

WEITERE INFORMATIONEN, AUCH ZU E-BOOK-AUSGABEN, FINDEST DU BEI WWW.FISCHERVERLAGE.DE

ADAM J. KURTZ

MAL! SCHREIB! KRITZEL!

DER KREATIVE BEGLEITER FÜR JEDEN TAG

FISCHER TASCHENBUCH

MIX
Papier aus verantwortungsvollen Quellen
FSC® C014496
FSC www.fsc.org

Deutsche Erstausgabe

Erschienen bei FISCHER Taschenbuch,
Frankfurt am Main, November 2015

Die amerikanische Originalausgabe erschien 2014
unter dem Titel »1 Page at a Time« bei Perigee Books, New York.

Satz: Fotosatz Amann, Memmingen
Druck und Bindung: GGP Media GmbH, Pößneck
Printed in Germany
ISBN 978-3-596-03394-2

IN ERINNERUNG AN

Blanche Davids Zewirtz,

DER MIR ALLES WICHTIGE BEIGEBRACHT HAT:

1. HAB *nie* ANGST NACHZUFRAGEN.
2. SPARE *nie* AM ZUCKER.
3. FREU DICH ÜBER ALLE *Überraschungen,* DIE DAS LEBEN MIT SICH BRINGT.
4. SCHREIB *alles* AUF.

»I LOVE YOU, A BUSHEL & A PECK«

DAS HIER KANN *alles* WERDEN:

- ☐ EIN TAGEBUCH
- ☐ EIN ANDENKEN
- ☐ EIN KALENDER
- ☐ EIN FREUND
- ■ ALLES ZUSAMMEN

Das
ist
nur
Papier

DER *Rest*
HÄNGT VON

DIR

AB!

(MIT EIN BISSCHEN HILFE)

DU HAST
alles,
WAS DU BRAUCHST

●●●●●○-K 19:23 59%
DER/DIE/DAS
UNBEKANNTE
SPÄTER ERINNERN
NACHRICHT SCHREIBEN
WIRST DU ANTWORTEN?

HEY!
WAS HAST
DU IN DER
LETZTEN ZEIT
SO ERLEBT?

BESCHREIB EINEN DEINER KINDERGEBURTSTAGE!

FREIRAUM

* Du wirst immer wieder auf solche Orte stoßen, wenn du weiterblätterst. Manchmal gibt es keine klaren Vorgaben. Atme tief durch und versuche, es zu genießen.

WAS HAST DU VOR?

TEILEN TEILE DIESE SEITE MIT #JK1PAGE,
DAMIT WIR ALLE BESCHEID WISSEN!

WIE HEIẞT DU? WIESO WURDEST
DU SO GENANNT, UND WER
HAT DAS ENTSCHIEDEN?
WAS BEDEUTET DEIN NAME?
HAST DU EINEN SPITZNAMEN?

WONACH SUCHST DU?

SUCHEN

AUF GUT GLÜCK

* Du fühlst dich von Zahlen überfordert? Dann kann dir ein Raster helfen!
Verteile die Zahlen und zähle sie zusammen! Zeichne dein erstes Raster hierhin.

DENK AN ETWAS, WAS DICH
VERUNSICHERT. SCHREIB ES GROß
AUF! FÜLL DIE GANZE SEITE
DAMIT! STARR ES AN.
UND JETZT BLÄTTER UM.

WAS DENKST DU, WAS DU IN FÜNF JAHREN MACHST? LÄUFT ALLES NACH PLAN ODER EHER NICHT? BIST DU DIR GANZ SICHER ODER RÄTST DU NUR? IST DIESE FRAGE WIRKLICH NUR GRUSELIG UND SCHRECKLICH?

SCHREIB DEN FOLGENDEN SATZ ZWANZIGMAL AB. ODER SO LANGE, BIS DU IHN GLAUBST!

ICH KANN ALLES TUN, WAS ICH WILL.

BESCHREIBE ETWAS, DAS DU HEUTE AUF DEM BODEN GESEHEN HAST.

(WO LAG ES? WER HAT ES DAHIN GELEGT?)

SCHREIB EINE NACHRICHT AN DIE NEUE PERSON,
DIE DU GESTERN ABEND KENNENGELERNT HAST.
(SEI NICHT ZU NERVÖS!)

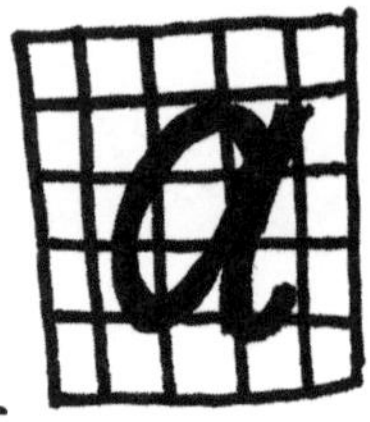

GEH MAL
OFFLINE!

SCHREIB DEINE KRANKFEIER-CHECKLISTE:

- ☐ VIELE GETRÄNKE
- ☐ TASCHENTÜCHER
- ☐ VITAMIN C
- ☐ EIN BISSCHEN MITLEID
- ☐
- ☐
- ☐
- ☐
- ☐
- ☐
- ☐
- ☐

ANZEIGEN ⓘ

LEERE SEITEN ▾
KLICK HIER FÜR
ÜBERWÄLTIGENDE LEERE!

SCHREIB'S NICHT SELBST ▾
DU HASST WÖRTER? LASS
UNS DIE ARBEIT ÜBERNEHMEN!

SCHLECHTE WITZE ▾
100 SCHRECKLICHE
WITZE UND POINTEN
NUR FÜR DICH

VÄTER-WITZE ▾
FLACHE, ABER LUSTIGE
WITZE & DU LIEBST
DEN TYP JA SOWIESO.

MÜTTER-WITZE ▾
SEHE ICH AUS, ALS WÜRDE
ICH WITZE MACHEN?

BLEISTIFT DIREKT ▾
WIR STIFTEN DIR IDEEN,
DIE DU SOWIESO
SCHON HATTEST.

DAS NOTIZBUCH ▾
SCHREIB ETWAS AUF, UM
ES NICHT ZU VERGESSEN.
NA SUPER, JETZT
MUSS ICH HEULEN.

HIER KÖNNTE DEINE
ANZEIGE STEHEN »

* Hast du die Krankfeier-Liste schon geschrieben? Vielleicht bilde ich es mir ja nur ein, aber ich habe ein leichtes Kratzen im Hals … Vorsicht ist die Mutter der Porzellankiste!

SCHREIB EINEN BRIEF AN DEINE MUTTER

LIEBE MAMA,

SCHREIB DIR EINE GEHEIME
MOTIVIERENDE NACHRICHT
UND FALTE DANN DIESE SEITE
GANZ KLEIN ZUSAMMEN!

* Hmm, diese gefaltete Seite sieht ziemlich interessant aus … Schnell, sorge auf dieser Seite für Ablenkung!

LASS MICH BITTE IN RUHE!

BESCHREIB DICH SELBST IN 15 WORTEN, ENTWEDER IN EINEM SATZ ODER EINER LISTE.

ALLES, WAS HEUTE SCHIEFGELAUFEN IST:

VERGISS EINS NIEMALS:
WENN MAN ES GENAU NIMMT,
BIST DU EIN RIESIGES WERKZEUG.
LACH DARÜBER UND DENK IMMER
DARAN, DASS ALLE ANDEREN
AUCH WERKZEUGE SIND!

CARE-PAKET

FÜLL DIESEN KASTEN MIT LAUTER GUTEN SACHEN!

1 BANANE

*

Weißt du, was ich noch gebrauchen könnte?
Ein »Mir doch egal«-Paket und eine große Kiste voll »LASS MICH IN RUHE.«

ZURÜCK AN DEN ABSENDER

BESORG DIR DIE ADRESSEN VON DREI FREUNDEN, DIE WEIT WEG WOHNEN, & SCHREIB JEDEM VON IHNEN DIESES JAHR EINE POSTKARTE. BLÄTTER DANN ZU DIESER SEITE ZURÜCK UND HAKE DIE ADRESSEN AB!

WIE HAST DU DEINEN BESTEN FREUND KENNENGELERNT? BESCHREIB ES!

KLEB HIER EINE RESTAURANT-QUITTUNG EIN. WAS HAST DU GEGESSEN? WIE WAR'S?

WAS ICH <u>EIGENTLICH</u> SAGEN WOLLTE:

* … und jetzt, WAS ICH EIGENTLICH SAGEN WOLLTE, ABER MICH NICHT GETRAUT HABE AUFZUSCHREIBEN, ABER JETZT ZWINGT MICH MEIN BUCH DAZU, ES DOCH ZU TUN, ALSO HIER KOMMT ES:

WO
WARST DU
LETZTE
WOCHE?

WAS WAR DIE GRÖẞTE HERAUSFORDERUNG, DIE DU IM LETZTEN JAHR ERFOLGREICH GEMEISTERT HAST?

DIESER PLATZ IST NUR FÜR DICH!

ÜBERLEG DIR EIGENE
HERZIGE BOTSCHAFTEN!

LOS GEHT'S!

FÜLL DIESE SEITE MIT POP-UP-ANZEIGEN!

TU GANZ HEIMLICH ETWAS GUTES.
SCHENK EINEM OBDACHLOSEN ETWAS.
GIB EIN BESONDERS HOHES TRINKGELD.
ERZÄHL NIEMANDEM DAVON.
KEIN EGO-BOOST!
HALT NUR DAS DATUM HIER FEST.

ES GIBT ZWAR KEINE ENTSCHULDIGUNG DAFÜR, ABER ...

* Zeichne ein Raster und fülle einige Kästchen mit großen X.
Mach dein eigenes Kreuzstichmuster!

WAS IST DEIN GRÖẞTER WUNSCH
FÜR DIE ZUKUNFT?

HEY, BIST DU WACH? ICH WOLLTE NUR KURZ DANKE SAGEN.
WAS DU GESAGT HAST, HAT MIR VIEL BEDEUTET.
ICH MELDE MICH SPÄTER NOCH MAL.

NIMM DIR EINEN KURZEN
MOMENT ZEIT UND BEOBACHTE
ETWAS GANZ KLEINES.
WAS HAST DU GESEHEN?

MACH EINE PLAYLIST FÜR EINE GEBURTSTAGSPARTY:

1. THE GRATES
   »19 20 20«

2.

3.

4.

5.

6.

7.

8.

STOPP, POSTE DAS BESSER NICHT! HINTERLASS DEINE WÜTENDE STATUSMELDUNG LIEBER HIER, MACH EIN FOTO UND POSTE ES UNTER #JK1PAGE.
FALLS DAS ÜBERHAUPT NOCH NÖTIG IST.

SIND WIR SCHON DA?

☐ NEIN	☐ NEIN	☐ NEIN
☐ NEIN	☐ NEIN	☐ NEIN
☐ NEIN	☐ NEIN	☐ NEIN
☐ NEIN	☐ NEIN	☐ NEIN
☐ NEIN	☐ NEIN	☐ NEIN
☐ NEIN	☐ NEIN	☐ NEIN
☐ NEIN	☐ NEIN	☐ NEIN
☐ NEIN	☐ NEIN	☐ NEIN
☐ NEIN	☐ NEIN	☐ JA

* Gönn dir ein Nickerchen!

* NUR NOCH FÜNF MINUTEN! Warum bin ich nach einem Nickerchen immer schlechter drauf als vorher?

♡ DAS GEFÄLLT MIR!

♡ DAS GEFÄLLT MIR!

♡ DAS GEFÄLLT MIR! ♡ DAS GEFÄLLT MIR!

♡ DAS GEFÄLLT MIR! ♡ DAS GEFÄLLT MIR!

♡ DAS GEFÄLLT MIR! ♡ DAS GEFÄLLT MIR!

ATME TIEF DURCH & ZÄHL BIS ZEHN. UND GLEICH NOCH MAL!

* Atmen passiert ja immer so nebenbei, aber fühlst du dich nicht besser jetzt nach dem tiefen Durchatmen? Mach's gleich noch mal, atme richtig tief durch die Nase ein, fühl, wie sich dein Brustkorb hebt. Halt die Luft für ein paar Minuten an, dann atme ganz langsam aus. Okay, weiter geht's!

DU SCHAFFST ES!

(JE NACHDEM,
WAS ES IST)

MAL DIR EINEN AUSWEIS!
WAS MUSS DRAUF?
WAS IST WICHTIG?

ALTER? GRÖßE?
LÄCHELST DU AUF DEM FOTO
ODER LIEBER NICHT?

TRAUMJOBS:

~~LANGSCHLÄFER~~ ~~SÜSSIGKEITEN-TESTER~~

ES IST WIRKLICH NUR PAPIER!

SCHNEIDE DIESE SEITE VORSICHTIG ZU EINEM LANGEN PAPIERBAND. ODER LASS ES!

VERBINDE DIE PUNKTE SO, WIE DU WILLST!

WAS SIEHST DU?

* Versuch's gleich noch mal: Zeichne selbst ein paar Punkte wild durcheinander und verbinde sie!

WARTE MAL KURZ, DAS MUSS ICH GERADE TWITTERN!
140
TWITTERN

ZÄHL FÜNF FREUNDE AUF, BEI DENEN DU GLAUBST, DASS DU SIE FÜR IMMER HABEN WIRST:

1 ____________________

2 ____________________

3 ____________________

4 ____________________

5 ____________________

KLEBE HIER EIN BUS-, ZUG- ODER FLUGTICKET EIN:

(WOHIN FÄHRST DU? WIESO?)

WIE ICH MICH FÜHLE

- ☐ ALLES IST SCHEIßE
- ☐ MANCHES IST SCHEIßE
- ☐ MANCHMAL BIN ICH SCHEIßE
- ☐ MANCHMAL SIND ALLE ANDEREN SCHEIßE
- ☐ NICHTS IST SCHEIßE!
- ☐ ALLES IST IRGENDWANN MAL SCHEIßE
- ☐ SCHEIß DRAUF

SCHREIB EIN GEHEIMNIS
IN DIE DUNKELHEIT!

HEY!
WAS
MACHST
DU HEUTE?

VERVOLLSTÄNDIGE DIESE AUSSAGE SO OFT, BIS DIE SEITE VOLL IST:

WENN ICH ________ SCHAFFE, DANN KANN ICH ALLES SCHAFFEN!

GENIEẞE DAS UNBEKANNTE!

KLEB HIER EIN KLEINES FOTO EIN. VERSUCH, ES ABZUMALEN!

FÜR JEDE TÜR, DIE SICH IM LEBEN
SCHLIEẞT, ÖFFNET SICH EINE ANDERE.
ABER WENN DIE ERSTE TÜR NICHT
ABGESCHLOSSEN IST, GIBT ES JA
KEINEN GRUND FÜR DICH, SIE NICHT
SELBST WIEDER AUFZUMACHEN, ODER?

HTTP://
WO GEHST DU HIN?
LOS!

SCHREIB ES GANZ GROß!

* Diese Seiten sind die besten! In der Öffentlichkeit kann man nicht immer schreien, aber hier kannst du mal richtig losbrüllen!

* Mal ein Raster! Schreib in jedes Kästchen ein Wort. Schaffst du es, eine Geschichte zu schreiben, die genau reinpasst?

MAL DEIN TRAUMHAUS!

(ODER DEINE TRAUMWOHNUNG! ODER DEIN TRAUMSCHLOSS!)

ES IST NUR PAPIER! ZEICHNE EIN PAAR SALZKÖRNER, UND DANN ... WIRF SIE ÜBER DEINE SCHULTER, DAS BRINGT GLÜCK!

STELL DICH AUF EINE AUTOBAHNBRÜCKE
& ZÄHLE DIE AUTOS, DIE UNTER DIR
LANGFAHREN. WIE FÜHLT SICH DAS AN?

MACH EINE PLAYLIST FÜR DIE NÄCHSTE JOGGING-RUNDE:

1. WEEKENDS
   »RAINGIRLS«

2.

3.

4.

5.

6.

7.

8.

REISEPLÄNE

WELCHE SEHENSWÜRDIGKEITEN WILLST DU UNBEDINGT SEHEN?

SNACKS

- ☐ BREZELN
- ☐ EIS
- ☐ DONUTS
- ☐ NOCH MEHR DONUTS
- ☐ LAKRITZ
- ☐ SCHOKORIEGEL
- ☐ CHIPS
- ☐ CHIPS
- ~~☐ MÖHREN~~
- ☐ GEBURTSTAGSKUCHEN
- ☐ JELLY BEANS
- ☐ 3 KEKSE
- ☐ NOCH EIN DONUT
- ☐ GUMMIBÄRCHEN

KONSERVIERE EIN PAAR GEFÜHLE IN EINMACHGLÄSERN.
ZEICHNE NOCH MEHR EINMACHGLÄSER.
IM WINTER WIRST DU DICH DARÜBER FREUEN!

SCHREIB DIR SELBST EINIGE AUFMUNTERNDE WORTE FÜR SCHLECHTE TAGE.
(WAS MACHST DU NOCH MAL, WENN DIR DAS LEBEN ZITRONEN GIBT?)

GLAUBST DU AN SEELENVERWANDTE? IST DEINER NOCH IRGENDWO DA DRAUßEN? GLAUBST DU, DASS JEDER MEHRERE HAT? SCHREIB EINE NACHRICHT AN ALL DEINE SEELENVERWANDTEN, WO AUCH IMMER SIE SEIN MÖGEN!

SCHREIB ALLES AUF, WAS DICH STÖRT, UND DANN BLÄTTER SCHNELL UM!

QUARTALS-CHECK-UP

DENK ÜBER DIE LETZTEN DREI MONATE NACH UND BEWERTE DICH AUF DER SMILEY-SKALA.

MACHEN WIR UNS NICHTS VOR > GUT AUSREICHEND SCHLECHT

ALLGEMEINE PROGNOSE ○	PERSÖNLICHKEITS-ENTWICKLUNG ○	GESUNDHEIT ○
GRÜNDLICHE PLANUNG ○	RÜCKSICHTNAHME ○	GUTE ERNÄHRUNG ○
SCHLAF-GEWOHNHEITEN ○	PHANTASTISCH SEIN ○	PSYCHISCHE GESUNDHEIT ○
TÄGLICHE KREATIVE LEISTUNG ○	HILFSBEREITSCHAFT ○	ZU HAUSE ANRUFEN ○
HARTE ARBEIT ○	SPAß HABEN ○	EIN GUTER FREUND SEIN ○
RUHIG BLEIBEN ○	SICH MÜHE GEBEN ○	FREIHEITEN GENIEßEN ○
BROTERWERB ○	RAUSGEHEN ○	DIESE 1 SACHE ○
ZUFRIEDENHEIT ○	LUSTIGE TWEETS ○	DEN DURCHBLICK HABEN ○

GEH IN DIE BADEWANNE!
DAS IST ALLES.

ANONYM FRAGT:
ICH HASSE DICH, DU BIST HÄSSLICH *SCHERZ*
DU BIST SO SÜß, WAS IST DEIN BEAUTY-GEHEIMNIS?

NAMEN DEINER ZUKÜNFTIGEN HAUSTIERE:

* WAS AUCH *PASSIERT*, ES WIRD
IMMER PIZZA GEBEN.

SCHREIB EINE INSPIRIERENDE BOTSCHAFT AUF UND SCHICK SIE DEINEN FREUNDEN!

MAL EINEN KUCHEN MIT MEHREREN SCHICHTEN UND BESCHREIB JEDE SCHICHT!

* Das ist ja ein ganz schön riesiger Kuchen geworden! Vielleicht sollten wir als Nächstes lieber einen Salat zeichnen oder ein paar Sellerie-Sticks oder so.

LASS DIESE SEITE VON EINEM FREUND AUSFÜLLEN

SCHREIB DIE EINE SACHE AUF, ÜBER DIE DU EIGENTLICH KEINE WITZE MEHR MACHEN WOLLTEST (OBWOHL SIE IMMER NOCH TOTAL LUSTIG IST).

KLEB HIER EINEN 5-€-SCHEIN EIN

VERGISS SOFORT WIEDER,
DASS DU DAS GEMACHT HAST!

SCHREIB EINEN BRIEF AN DICH SELBST IN SECHS MONATEN!

* Sehr gut, und jetzt schreib einen Brief an dich selbst in drei Minuten!

ALLES
KLAR
BEI DIR?
HALLO?

SCHREIB ALLES AUF, WOVOR DU ANGST HAST, UND AUCH DAS, WOVOR DU DICH FRÜHER GEFÜRCHTET HAST. STREICH ALLE ÄNGSTE VON DER LISTE, DIE DU LOSGEWORDEN BIST!

SPINNEN

~~GEMEINE TEENAGER~~

~~DUNKELHEIT~~

MUMIEN

NICHTS STEHT DIR IM WEG!

ZIEH HEUTE EIN KLEIDUNGSSTÜCK
FALSCH RUM AN & ERZÄHL MIR,
WIE ES GELAUFEN IST:

JEDER
EINZELNE
TAG

MAL DEINEN YOUTUBE-HIT
0:20/4:33

* Ich wollte erst nichts sagen, aber du drückst ganz schön fest auf mit dem Stift. Kannst du es vielleicht ein bisschen entspannter angehen lassen? Danke!

SCHREIB ES GROß!

KRITZEL DIE GANZE SEITE VOLL.

STARR SIE AN.

UND DANN BLÄTTER EINFACH UM!

IST GLÜCK EIN RICHTIGES ZIEL, DAS MAN ERREICHEN KANN? ODER IST ES EHER EINE BESTIMMTE LEBENSEINSTELLUNG, UND DER WEG IST DAS ZIEL?

SCHREIB EINFACH NUR DEINEN NAMEN AUF.
SEI EINFACH NUR DA, GENAU JETZT.
DAS IST ALLES FÜR HEUTE.

GEH ALLEIN EINEN KAFFEE ODER TEE TRINKEN. SETZ DICH NACH DRAUßEN. BESCHREIBE DREI LEUTE, DIE DU GESEHEN HAST.

AUF WAS(SER)

WARTEST DU?

* ICH GLAUBE, ES HAT
KEINER GEMERKT,
MACH DIR
KEINE SORGEN!

TO-DO

- ☐ EINE TO-DO-LISTE MACHEN
- ☐ DIE ERSTEN ZWEI PUNKTE ABHAKEN

Lad dich selbst ins Kino ein!

* Welchen Film hast du gesehen? Kleb dein Ticket hier ein und erzähl mir alles!

BLEIB EINE MINUTE GANZ RUHIG STEHEN. MACH
DIE AUGEN ZU & ATME GANZ LANGSAM EIN & AUS.
KONZENTRIER DICH DARAUF, WIE KLEIN DEIN KÖRPER
IM VERGLEICH ZUM RAUM IST. NEIN, NICHT DER RAUM,
IN DEM DU GERADE BIST, SONDERN DER WELTRAUM!
MIAUE WIE EIN HUND. WUFF! MIAU! POPCORN. HUF-
EISEN. WAS PASSIERT HIER EIGENTLICH GERADE? OKAY,
JETZT KANNST DU DIE AUGEN WIEDER AUFMACHEN.

MAL 20 MINUTEN LANG SO VIELE BANANEN, WIE DU KANNST.
UND DANN MACH BANANA-SPLIT DARAUS!

KLEB HIER EINE SEITE AUS EINEM
ANDEREN BUCH ODER NOTIZHEFT EIN
(ICH FÜHLE MICH MANCHMAL SO EINSAM)

GEH INS BETT

DU BIST BERÜHMT! MÖGLICHERWEISE.
WIE WÜRDE EIN FILM ÜBER DEIN LEBEN
HEIẞEN? WER WÜRDE DICH SPIELEN?
MAL DEIN FILMPLAKAT!

DIE ACHT BESTEN PIZZEN:

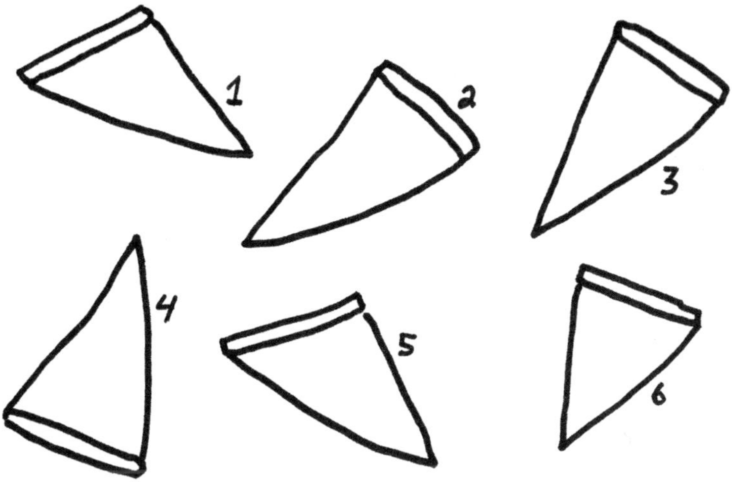

1 ______________________________

2 ______________________________

3 ______________________________

4 ______________________________

5 ______________________________

6 ______________________________

7 ______________________________

8 ______________________________

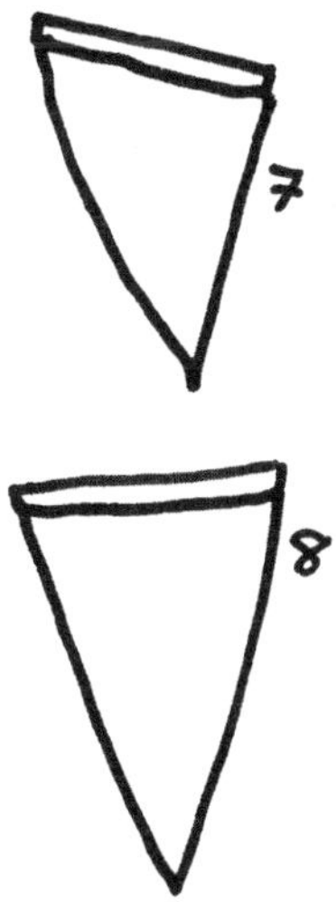

WAS KANN MAN ALLES FÜR 1 € KAUFEN?

Den Tod

Eis 

UND WAS KANN MAN ÜBERHAUPT NICHT KAUFEN?

Liebe

* Hat dir schon mal jemand eine Überraschungsparty geschmissen? Erzähl mir alles darüber, ich bin neidisch!

MAL EINE LEITER
(PASS AUF, WO DU HINTRITTST)

LASS DIESE SEITE VON EINEM FREUND AUSFÜLLEN

SCHREIB EINE NACHRICHT
AN DEIN ZUKUNFTS-ICH.

WAS WOLLTEST DU FRÜHER
WERDEN, WENN DU GROß BIST?
WIE DENKST DU JETZT DARÜBER?

NEUE NACHRICHT

AN: DICH
CC: ALLE
BCC: MICH

BETREFF:

SCHREIB EINE E-MAIL AN ALLE, DIE JEMALS AN DIR GEZWEIFELT HABEN … ALSO AUCH AN DICH SELBST!

* Hast du schon mal eine E-Mail geschrieben und sie nur als Entwurf gespeichert, aber nicht abgeschickt? Manchmal reicht es schon, etwas nur aufzuschreiben. Benutz diese Seite ruhig dazu, etwas loszuwerden, was dir auf dem Herzen liegt.

HEY,
WAS HABEN
WIR HEUTE
ABEND VOR?

KLEB HIER ETWAS GLÄNZENDES EIN.
WOHER HAST DU ES?

MACH PLATZ FÜR DICH SELBST

DAS KÖNNTEST DU

SOGAR MIT

GESCHLOSSENEN AUGEN!

PUH

BITTE RETWEETEN:
ICH KANN ALLES SCHAFFEN!
#JK1PAGE
110
TWITTERN

LASS DIESE SEITE VON EINEM FREUND AUSFÜLLEN

MACHT HEUTE MAL GAR NICHTS.
HÄNGT NUR STUNDENLANG RUM UND
UNTERHALTET EUCH. DAS IST DAS BESTE
AN FREUNDSCHAFTEN!

* Zeichne ein Raster! Oder mach, was du willst! Freu dich über die klare Raster-Struktur oder zerstöre sie. Mach alles nach deinen eigenen Regeln! Yeahhh!

AUS JEDER BEZIEHUNG LERNEN WIR ETWAS DARÜBER, WAS WIR VON EINEM PARTNER WOLLEN ODER BRAUCHEN. WAS HAST DU BISLANG GELERNT?

Psssst...

MAL EIN GANZ DEUTLICHES
»BITTE NICHT STÖREN«-SCHILD

SETZ DICH ZEHN MINUTEN RUHIG
IN EINE ECKE UND ZEICHNE ALLES,
WAS DU BEOBACHTEST.

MACH EINE RACHE-PLAYLIST:

1. MICHELLE BRANCH
   »ARE YOU HAPPY NOW?«

2.

3.

4.

5.

6.

7.

8.

REISEPLÄNE

PLAN EINEN WOCHENENDTRIP
(& MACH IHN AUCH!)

INTERNET-TO-DO-LISTE

- ☐ E-MAILS CHECKEN
- ☐ SONSTIGE NACHRICHTEN CHECKEN
- ☐ STATUS UPDATEN
- ☐ NACHRICHTEN LESEN
- ☐ TWITTERN
- ☐ LIEBLINGSBLOG LESEN
- ☐ E-MAILS CHECKEN
- ☐ IN ONLINESHOPS STÖBERN
- ☐ BLOG VON EINEM FREUND LESEN
- ☐ STATUS UPDATEN
- ☐ DICH SELBST GOOGELN
- ☐ EIN SPIEL SPIELEN
- ☐ EIN VIDEO ANSCHAUEN
- ☐ ZWEIMAL HINTEREINANDER
- ☐ OMG
- ☐ NOCH MAL E-MAILS CHECKEN
- ☐ MIT DEINER MUTTER CHATTEN
- ☐ DICH AUSLOGGEN
- ☐ TELEFON HOLEN

*Spendiere dir selbst einen freien Tag!

* Hallo? Ist da jemand? Wörter? Kritzeleien? Wo seid ihr denn, Leute? Hallooo?
Was passiert mit mir?

AUF WEN KANNST DU IMMER ZÄHLEN?
SCHREIB DIE TELEFONNUMMER VON
DIESER PERSON AUF. IHRE ADRESSE.
E-MAIL-ADRESSE. GEBURTSDATUM.
PASS GUT AUF DIESE PERSON AUF!
SAG IHR, WAS SIE DIR BEDEUTET.

ES IST NUR PAPIER!
REIß DIESE SEITE
IN DER MITTE DURCH.

* Das ist die Seite, die du durchgerissen hast, stimmt's?

HEUTE IST VIELLEICHT NICHT ALLES
IN ORDNUNG. UND MORGEN
AUCH NICHT. ABER WIR KÖNNEN
ES SCHAFFEN, WENN WIR UNS SEITE
FÜR SEITE VORARBEITEN. HALT DURCH!

HIER KLICKEN, UM WEITERZUMACHEN

WWW.ICH.DE

ÜBER MICH:

WEN ICH GERNE TREFFEN WÜRDE:

TEILEN #JK1PAGE

10 DINGE, DIE ICH WIRKLICH GUT KANN:

1. LISTEN MACHEN
2.
3.
4.
5.
6.
7.
8.
9.
10.

* VERGISS NICHT, DASS MORGEN
WIRKLICH NUR EINEN TAG ENTFERNT IST!

SCHREIB HIER EINEN RICHTIG SCHLECHTEN RATSCHLAG HIN, UND DANN VERSUCH UM JEDEN PREIS,

IHN NICHT ZU BEFOLGEN.

* Ist dir schon mal aufgefallen, dass du eine ganz schöne Naschkatze bist?
Hast du zufällig gerade etwas Süßes?

REIß DICH ZUSAMMEN!

SCHREIB ES GROß!

WOFÜR KANNST DU DICH BEGEISTERN?

DIESES BUCH ⇄ VOR 32 SEITEN

MAL EINE LEITER

(PASS AUF, WO DU HINTRITTST)

KLEB HIER EINEN AUSSCHNITT
AUS EINER ZEITUNG EIN. STREICH
ALLES DURCH, WAS DIR DARIN
NICHT GEFÄLLT!

SCHREIB EINEN BRIEF AN EINEN 7-JÄHRIGEN. ÜBERLEGE DIR GENAU, WIE DU IHN ANSPRECHEN WILLST.

SETZ DICH AN EINEN FLUGHAFEN, EINEN BAHNHOF ODER EINE BUSHALTESTELLE. BEOBACHTE DIE LEUTE, DIE ANKOMMEN ODER WEGFAHREN. WOHIN WOLLEN SIE?

HEY, WIE GEHT'S DIR?

HAST DU HEUTE EINEN ANSTRENGENDEN TAG?
DU BIST BESTIMMT NICHT DER EINZIGE!
TEILE EINE GLÜCKSBOTSCHAFT
UND HEITERE UNS ALLE AUF!

HIER KÖNNTE ALLES STEHEN

* Immer wenn du das Gefühl hast, dass dich keiner versteht, denk daran, dass das wahrscheinlich daher kommt, dass du ganz schön seltsam bist. Dann breite deine riesigen Flügel aus und flieg in den Sonnenuntergang. Lande auf dem Berg in der Nähe deiner Höhle. Speie Feuer in den Himmel und betrachte dann deinen Nachwuchs. Moment mal, BIST DU ETWA EIN DRACHE? Das. Ist. Phantastisch.

SCHREIB ETWAS NUR IN GROßBUCHSTABEN

& UND DANN KLICK AUF

ALLEN ANTWORTEN

LASS DIESE SEITE VON EINEM FREUND AUSFÜLLEN

SCHREIB ETWAS ÜBER
DAS SCHÖNSTE, WAS IHR
JE ZUSAMMEN ERLEBT HABT.

HINTERLASSE KLEINE ERMUTIGENDE NACHRICHTEN AN VERSCHIEDENEN ÖFFENTLICHEN PLÄTZEN

DU MACHST DAS
GANZ GENAU RICHTIG!
EHRLICH!

DAS KÖNNTE ES SEIN,
WORAUF DU SCHON
DIE GANZE ZEIT
GEWARTET HAST.

HEUTE IST DER TAG,
AN DEM DU DICH ENDLICH
BELOHNEN DARFST!

DAS KÖNNTE DER
BEGINN VON ETWAS
GROßARTIGEM SEIN.

@CUTIE82_ASPX3 21h

WOW DU BIST CRAZY OMG
BIST DU DAS IN DEM VIDEO??
BIT.LY/XP94A6ZZQ

ANSEHEN ANTWORTEN FAQ ··· MEHR

SCHREIB DEN FOLGENDEN SATZ ZWANZIGMAL AB. ODER SO LANGE, BIS DU IHN GLAUBST!

MEINE TWEETS SIND SO GUT, DASS SIE STÄNDIG RETWEETET WERDEN SOLLTEN.

IGNORIER DIE HATER

(ERNSTHAFT, ANTWORTE NICHT DARAUF!)

ES IST NUR PAPIER!
NOTIER DIR ETWAS AUF EINEM
5-€-SCHEIN & KLEB IHN HIER EIN.

WAS IST ER JETZT WERT?

DANKE!

HAKE JEDE STUNDE AB, DIE VERGEHT:

- ☐ 0 UHR
- ☐ 1 UHR
- ☐ 2 UHR
- ☐ 3 UHR
- ☐ 4 UHR
- ☐ 5 UHR
- ☐ 6 UHR
- ☐ 7 UHR
- ☐ 8 UHR
- ☐ 9 UHR
- ☐ 10 UHR
- ☐ 11 UHR
- ☐ 12 UHR
- ☐ 13 UHR
- ☐ 14 UHR
- ☐ 15 UHR
- ☐ 16 UHR
- ☐ 17 UHR
- ☐ 18 UHR
- ☐ 19 UHR
- ☐ 20 UHR
- ☐ 21 UHR
- ☐ 22 UHR
- ☐ 23 UHR

OKAY, UND SCHON BEGINNT EIN NEUER TAG!

MEISTENS WISSEN WIR GENAU,
WAS WIR HÖREN WOLLEN.

ALSO, WAS IST GERADE LOS?
SAMMLE ERST ALLE INFORMATIONEN,
DANN STELL DICH IHNEN!

* Hast du dich schon mal professionell massieren lassen? Das ist ungefähr das Beste, was es gibt. Heb es dir für einen Tag auf, an dem du richtig überarbeitet bist … dein Körper hat es sich verdient, versprochen!

MAL EIN FAMILIENPORTRÄT!

* DU SCHAFFST ES (WAHRSCHEINLICH)!

QUARTALS-CHECK-UP

DENK ÜBER DIE LETZTEN DREI MONATE NACH UND BEWERTE DICH AUF DER SMILEY-SKALA.

MACHEN WIR UNS NICHTS VOR > GUT AUSREICHEND SCHLECHT

ALLGEMEINE PROGNOSE ○	PERSÖNLICHKEITS-ENTWICKLUNG ○	GESUNDHEIT ○
GRÜNDLICHE PLANUNG ○	RÜCKSICHTNAHME ○	GUTE ERNÄHRUNG ○
SCHLAF-GEWOHNHEITEN ○	PHANTASTISCH SEIN ○	PSYCHISCHE GESUNDHEIT ○
TÄGLICHE KREATIVE LEISTUNG ○	HILFSBEREITSCHAFT ○	ZU HAUSE ANRUFEN ○
HARTE ARBEIT ○	SPAß HABEN ○	EIN GUTER FREUND SEIN ○
RUHIG BLEIBEN ○	SICH MÜHE GEBEN ○	FREIHEITEN GENIEßEN ○
BROTERWERB ○	RAUSGEHEN ○	DIESE 1 SACHE ○
ZUFRIEDENHEIT ○	LUSTIGE TWEETS ○	DEN DURCHBLICK HABEN ○

DER TAG HAT
MICH ECHT FAST
UMGEBRACHT,
ABER ICH HAB'S
ÜBERLEBT

DU KANNST EWIG LEBEN, ABER NUR FÜR DEN FALL, DASS ES DOCH NICHT KLAPPT: WAS SOLL AUF DEINEM GRABSTEIN STEHEN?

NENNE 5 ORTE, AN DENEN DU JETZT GERADE LIEBER WÄRST:

1 ______________________

2 ______________________

3 ______________________

4 ______________________

5 ______________________

& WARUM?

ES IST NUR PAPIER!
NA UND?

BASTEL DAS PERFEKTE SANDWICH

ZEICHNE
DEN REST
DAZU

(KRÜMEL GEHÖREN ZUM LEBEN DAZU.
DAS SANDWICH IST TROTZDEM PERFEKT!)

ZEICHNE DIR SELBST EINEN
POKAL ODER EINE MEDAILLE.

WOW, DAS IST ABER EINE ZIEMLICH GROẞE AUSZEICHNUNG,
DU MUSST GANZ SCHÖN VIEL GELEISTET HABEN!

HOTDOG-WETTESSEN

MAL SO VIELE HOTDOGS IN FÜNF MINUTEN, WIE DU KANNST. FERTIG? LOS!

LASS DIESE SEITE VON EINEM FREUND AUSFÜLLEN

WARUM SIND WIR FREUNDE?
WAS MACHT UNS SO
GROẞARTIG ZUSAMMEN?

(SCHREIB RUHIG WAS KITSCHIGES, ALLES WIRD GUT!)

KLEB EINS DEINER LIEBLINGSFOTOS
AUF DIESE SEITE. WENN ES
ZU GROß IST, KANNST DU ES JA
EIN BISSCHEN ZURECHTSCHNEIDEN!

BLÄTTER NOCH MAL ZURÜCK UND FÜLL EINE SEITE AUS, DIE DU BISHER NOCH FREIGELASSEN HAST!

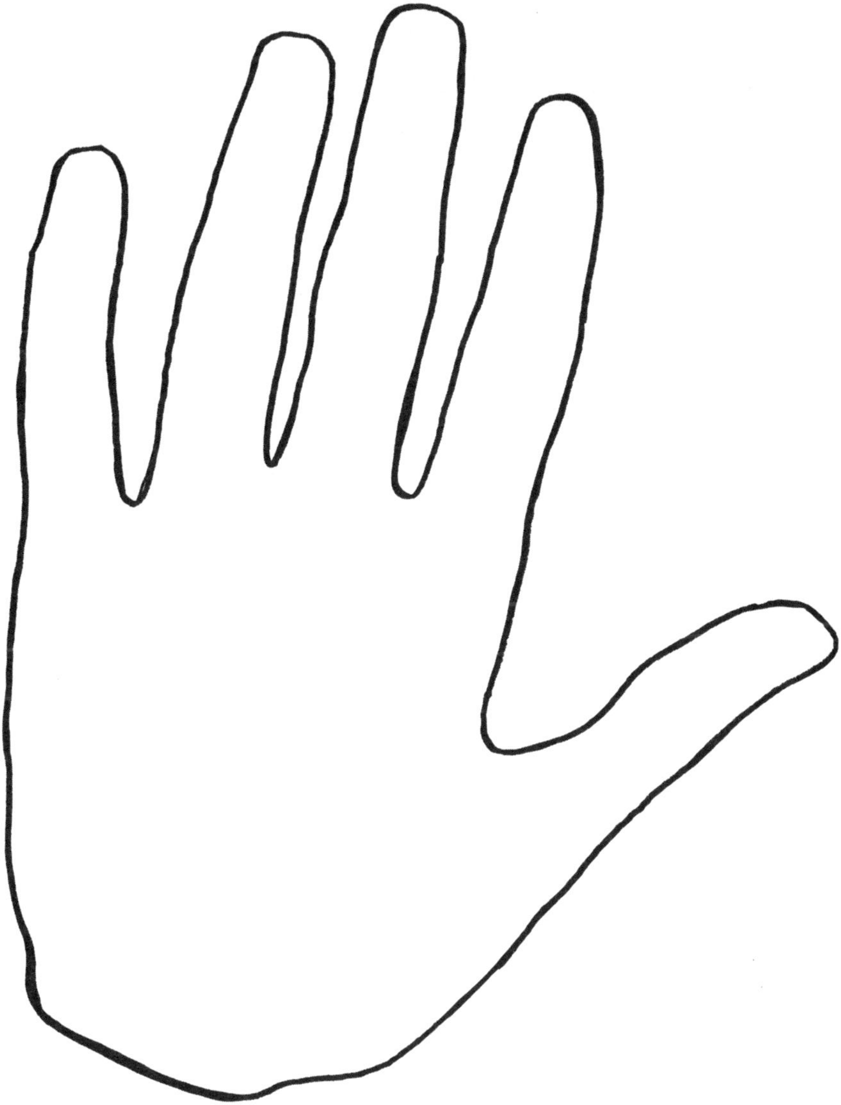

SCHLAG EIN, KLOPF DIR SELBST AUF DIE SCHULTER, WINK EINEM FREUND ZU ODER ZEICHNE DEINE HAND IN MEINEN HANDUMRISS.

KLEB HIER EIN TASCHENTUCH
MIT EINEM KNOTEN EIN,
DAMIT DU DIESE 1 SACHE
NIE VERGISST!

HEY,
GEHT'S
DIR GUT?

MACH DIE AUGEN ZU –
HIER GIBT ES NICHTS ZU SEHEN
& GENAU DARUM GEHT ES

1. ZEICHNE EINEN SCHÖNEN RAHMEN
2. LASS IHN GANZ LEER
3. GUT GEMACHT!

SEI GANZ LEISE

DU
IRGENDWO

28m

ZEICHNE DEIN MITTAGESSEN ODER DEN HIMMEL ODER ETWAS GANZ ANDERES

47 »GEFÄLLT MIR«-ANGABEN

SCHREIB ES GROß

WER IST DER BESTE?
(TIPP: DU!)

04893
GIB ES ZU

WAS SIND DEINE ZIELE
FÜR DEN REST DES JAHRES?

SCHREIB DEN FOLGENDEN SATZ ZWANZIGMAL AB.
ODER SO LANGE, BIS DU IHN GLAUBST!

ICH ZIEHE DIESE SACHE DURCH!

LASS DIESE SEITE VON EINEM VOLLKOMMEN FREMDEN AUSFÜLLEN

*IST DIR DAS UNANGENEHM? MACH DIR KEINE SORGEN,
ES IST JA »FÜR DIE KUNST«. ES IST MEINE SCHULD,
ICH BIN EIN SEHR AUFDRINGLICHES TAGEBUCH.*

MAL HIER SCHNELL DIE PERSON HIN, DIE DIR DIESES BUCH GEGEBEN HAT.

MACH EINE PLAYLIST MIT PHANTASTISCHEN COVERSONGS:

1. WHEN SAINTS GO MACHINE »BITTERSWEET SYMPHONY«
2.
3.
4.
5.
6.
7.
8.

ANLEITUNG: WIE ZEICHNET MAN EIN RECHTECK?

1. VERSUCH, EIN QUADRAT ZU ZEICHNEN
2. GUT GEMACHT!

TEILEN #JK1PAGE

WIE ICH MICH SCHON MAL GEFÜHLT HABE:

- ☐ TRAURIG
- ☐ WÜTEND
- ☐ FROH
- ☐ NETT
- ☐ NICHT NETT
- ☐ EIFERSÜCHTIG
- ☐ STOLZ
- ☐ MOTZIG
- ☐ FRÖHLICH
- ☐ GESTRESST
- ☐ MÜDE
- ☐ GELANGWEILT
- ☐ APATHISCH
- ☐ ERBÄRMLICH
- ☐ GLÜCKLICH
- ☐ RASEND
- ☐ LANGSAM
- ☐ SEHR LANGSAM
- ☐ VERLIEBT
- ☐ SICHER

Gönn dir diese eine Sache!

MACH EINEN TAG FREI!
SCHREIB EINE E-MAIL AN DEINEN
CHEF MIT DEINER AUSREDE.

SCHREIB ETWAS #LOHNENSWERTES UND DANN MACH ES MIT #HASHTAGS #KAPUTT.

ES IST NUR PAPIER!

SCHNEID DIESE SEITE IN STREIFEN
& MACH EINE KETTE DARAUS.

* Wenn du auf diese Seite ein Muster malst, wird deine Kette viel schöner. Vielleicht solltest du etwas zeichnen, das diesen Satz hier abdeckt. Wieso steht hier überhaupt was?

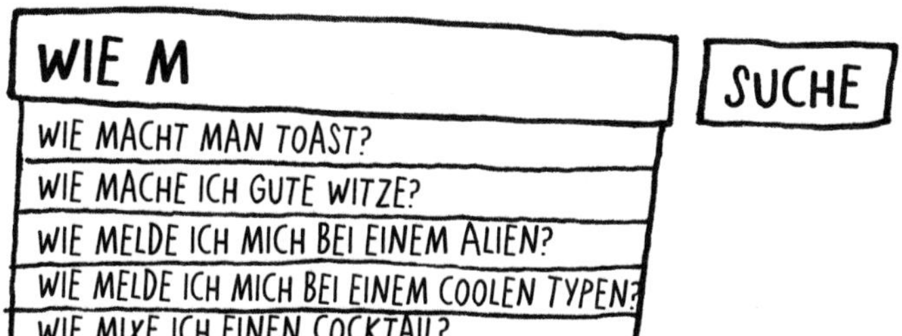
WIE M
SUCHE
WIE MACHT MAN TOAST?
WIE MACHE ICH GUTE WITZE?
WIE MELDE ICH MICH BEI EINEM ALIEN?
WIE MELDE ICH MICH BEI EINEM COOLEN TYPEN?
WIE MIXE ICH EINEN COCKTAIL?

WENN EIN SANDWICH NACH DIR BENANNT WERDEN WÜRDE, WIE WÜRDE ES HEIẞEN? WOMIT WÄRE ES BELEGT? WIESO WIRD DIR ÜBERHAUPT EINE SOLCHE EHRE ZUTEIL?

NENNE <u>10</u> DINGE,
DIE DICH GLÜCKLICH MACHEN:

1 ____________________

2 ____________________

3 ____________________

4 ____________________

5 ____________________

6 ____________________

7 ____________________

8 ____________________

9 ____________________

10 ____________________

* ICH BIN NUR EIN BUCH,
ABER ICH GLAUBE AN DICH

BESCHREIB DAS DATE DEINER TRÄUME

~~EIN ZEHNSTÜNDIGES NICKERCHEN~~

~~GRATIS W-LAN~~

* Warum bin ich heute so müde?

WOHLFÜHLBEREICH:

FÜLL DAS KISSEN MIT
ALLEN DINGEN, DIE DIR
EIN GUTES GEFÜHL GEBEN!

LASS DIESE SEITE VON EINEM FREUND AUSFÜLLEN

MAL EIN BILD VON UNS, WIE WIR IN 30 JAHREN AUSSEHEN (UND HAB KEIN ERBARMEN!)

KLEB EIN KLEINES BLATT VON
EINEM SCHÖNEN BAUM HIER EIN.
OMG IST DAS RESPEKTLOS
DEM BAUM GEGENÜBER?

45
VERSUCH, EIN GEHEIMNIS UNAUFFÄLLIG AUF EINER POSTKARTE UNTERZUBRINGEN. VERGISS NICHT, DASS ALLE DIE KARTE LESEN KÖNNEN!

DAS WAR PHANTASTISCH!

WIE HIEẞ NOCH MAL DIESES LIED, VON DEM DU MIR ERZÄHLT HATTEST?

HAST DU SCHON MAL WAS <u>GESAMMELT?</u>

AUFKLEBER? KARTEN? SOCKEN?

LISTE DIE SACHEN HIER AUF ODER ZEICHNE SIE.

* Zum Thema Sammeln: In diesem Buch sind acht Wassergläser versteckt, findest du sie alle?

ES GEHT HIER NUR UM DICH

POTENTIAL

DENK AUßEN
UMS QUADRAT
HERUM

(BERÜHMTES ZITAT)

ZEICHNE ETWAS SCHRECKLICHES, DAS DU NICHT WIEDER ZURÜCKNEHMEN KANNST

MANCHMAL WIRD MAN GANZ SCHÖN EINSAM, WENN MAN EIN BUCH IST. WENN DU DENKST, DASS DU ES DIR VERDIENT HAST, KANNST DU UNS JA BEIDEN EINEN NEUEN STIFT KAUFEN!

MACH ETWAS MIT HERZ-BLUT

* Zähl von 1 bis 100. Und weiter bis 200.
Zähl so lange, bis die Seite voll ist.

Gib ein großzügiges Trinkgeld!

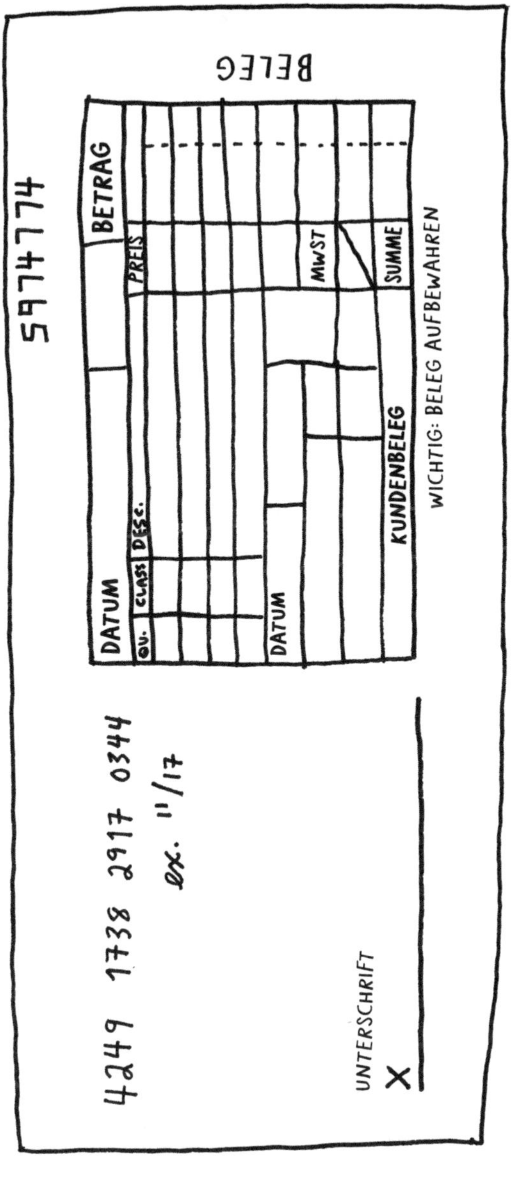

GEH IN EINEN PARK. AHH, DIE NATUR!
GIBT'S HIER AUCH W-LAN?
ZEICHNE DEN SCHÖNSTEN BAUM
AUF DIESE SEITE.

MACH EINE PLAYLIST ZUM HEULEN:

1. THE ANTLERS
   »I DON'T WANT LOVE«
2.
3.
4.
5.
6.
7.
8.

FÜLL DIESEN GANZEN PLATZ.
GUCK ES DIR GANZ GENAU AN.
UND WEITER GEHT'S.

MACH AUS DIESER SEITE EINE UNTERWASSERWELT,
INDEM DU ALLES EIN BISSCHEN WELLIG MACHST.
MAL VIELLEICHT NOCH EINEN FISCH DAZU.

* Gönn dir einen Kaffee oder einen Tee!

FANG EINFACH AN, ETWAS
ZU SCHREIBEN, ABER KÜMMERE
DICH NICHT DARUM, WO ES
HINFÜHREN SOLL. ES MUSS
NICHT MAL EIN VOLLSTÄNDIGER
SATZ SEIN, DU BANANE!

VORGESCHLAGENE VERANSTALTUNG

SONNE TANKEN

ZUSAGEN VIELLEICHT AUSBLENDEN

ES IST NUR PAPIER!
BASTEL DIR AUS DIESER SEITE
EINE KRONE.

* Vielleicht musst du die Seite in drei Streifen schneiden und eine schmalere Krone basteln, wenn du einen großen Kopf hast. Zum Beispiel, wenn du ein ganz normaler Mensch bist, dieses Buch ist ja auch ziemlich klein.

DEKORIER ALLES MIT
SCHÖNEN GESCHENKBÄNDERN!

DU HAST ES GESCHAFFT! HERZLICHEN GLÜCKWUNSCH!

SCHREIB EINE PRESSEMITTEILUNG,
UM DEINE HERAUSRAGENDEN
LEISTUNGEN ZU VERKÜNDEN:

NENNE 8 DINGE,
VOR DENEN DU ANGST HAST:

1 ______________________

2 ______________________

3 ______________________

4 ______________________

5 ______________________

6 ______________________

7 ______________________

8 ______________________

DAS LEBEN IST EIN VOLLZEITJOB.

WIE FÜHLST DU DICH HEUTE?
WORAUF BASIERT DIESES GEFÜHL?

ANONYM FRAGT:
WOW, COOLER BLOG!
HIER IST DEINE MUTTER BTW. HAB DICH LIEB!

LASS DIESE SEITE VON EINEM FREUND AUSFÜLLEN

SCHREIB EIN GEHEIMNIS AUF. GIB DAS BUCH ZURÜCK. VERARBEITE DIE INFORMATION, DANN STREICH SIE DURCH. SPRECHT NIE WIEDER DARÜBER.

WAS IST IN DEINER TASCHE?
MAL DIE TASCHE & DEINEN
GANZEN KRAM!

KLEB HIER EIN LEERES ZUCKERTÜTCHEN HIN.

SEHR GUT, SIEHT SÜß AUS!

UND WAS WÄRE
JETZT WIRKLICH
SPITZE?
TIPP

* Wow! Wahrscheinlich hast du gar nicht bemerkt, dass heute schon Tag 250 ist!
Was war bis hierhin deine Lieblingsseite? Du hast schon 249 Seiten hinter dir, klopf dir also auf die Schulter und mach dich bereit für den Rest. Ich begleite dich bis zur letzten Seite!

WAS IST LETZTE NACHT PASSIERT?

* * *

ok!

ES IST OKAY, SICH ZU ÖFFNEN

TEILE DIESE SEITE MIT DEINEN FREUNDEN ODER UNTER #JK1PAGE,
SO DASS ALLE, DIE DIESES BUCH HABEN, DICH ANFEUERN KÖNNEN!

MANCHMAL STUMPF,
MANCHMAL SPITZ,
ENDLOSES POTENTIAL,
ABER NICHT FÜR IMMER
& GENAU DARUM GEHT'S!

SCHREIB ES GANZ GROß!

* Schrei! Schrei! Schrei!

* Zeichne ein Raster und hake dann alle Kästchen einzeln ab. Jedes Kästchen ist eine erfüllte Aufgabe. Fühlt sich gut an, oder? Guck, wie viel du schon geschafft hast!

[redacted] ↖

(OMG, ICH KANN NICHT GLAUBEN,
DASS ICH DAS ECHT IN EIN BUCH
GEMALT HABE)

VIELLEICHT SOLLTEST DU AN
IRGENDETWAS UNFASSBARES
GLAUBEN. FÜR ALLE FÄLLE.

GEH IN DEN SUPERMARKT.
WAS SIEHST DU? SCHAU DIR
DIE ANDEREN EINKAUFSWAGEN AN.
WAS GIBT ES WOHL ZUM ABENDESSEN?
WER KAUFT DIE MEISTEN SÜßIGKEITEN?

MACH EINE PLAYLIST MIT DEN BESTEN LIEBESLIEDERN:

1. LIANNE LA HAVAS »EVERYTHING EVERYTHING«

2.

3.

4.

5.

6.

7.

8.

STATUS AKTUALISIEREN

WAS MACHST DU GERADE?

SOMMER-CHECKLISTE

- ☐ WASSEREIS
- ☐ STRANDTAG
- ☐ PICKNICK
- ☐ EISMANN
- ☐ RIESENRAD
- ☐ HOT DOGS
- ☐ ROADTRIPS
- ☐ FLIP-FLOPS
- ☐ SONNENBRAND
- ☐ MÜCKENSTICHE
- ☐ LIMONADE
- ☐ SCHMETTERLINGE
- ☐ KURZE HOSEN
- ☐ STERNENKLARE NÄCHTE
- ☐ URLAUBSFLIRT
- ☐ FEUERWERK

WAS MAGST DU LIEBER?

KREISE ES EIN!

ROT
BLAU

SCHOKOLADE
VANILLE

HEIß
KALT

TAG
NACHT

KAFFEE
TEE

MAMA
PAPA
(NUR EIN SCHERZ)

KUGELSCHREIBER
BLEISTIFT

HOSEN
SHORTS

GESTERN
MORGEN

JUNGS
MÄDCHEN

KETCHUP
SENF

KATZEN
HUNDE

* Manchmal hat man das Gefühl, dass es nicht nur eine richtige Lösung gibt. Vergiss nicht, dass du immer noch andere Möglichkeiten hast: Du musst nicht alles beantworten können! Entscheide selbst!

* Und jetzt zeichne die Dinge, für die du dich auf der letzten Seite entschieden hast!

SCHREIB EINE NACHRICHT AN JEMANDEN, DEN DU NOCH NIE GETROFFEN HAST.

LACHEN IST BEKANNTLICH DIE BESTE MEDIZIN. ABER WEIẞT DU, WAS NOCH GUT IST? ECHTE MEDIKAMENTE. WENN DU DICH NICHT GUT FÜHLST, GEH ZUM ARZT! SCHREIB AM BESTEN JETZT SCHON EIN PAAR WITZE FÜRS WARTEZIMMER AUF.

QUARTALS-CHECK-UP

DENK ÜBER DIE LETZTEN DREI MONATE NACH UND BEWERTE DICH AUF DER SMILEY-SKALA.

MACHEN WIR UNS NICHTS VOR > GUT AUSREICHEND SCHLECHT

ALLGEMEINE PROGNOSE ○	PERSÖNLICHKEITS-ENTWICKLUNG ○	GESUNDHEIT ○
GRÜNDLICHE PLANUNG ○	RÜCKSICHTNAHME ○	GUTE ERNÄHRUNG ○
SCHLAF-GEWOHNHEITEN ○	PHANTASTISCH SEIN ○	PSYCHISCHE GESUNDHEIT ○
TÄGLICHE KREATIVE LEISTUNG ○	HILFSBEREITSCHAFT ○	ZU HAUSE ANRUFEN ○
HARTE ARBEIT ○	SPASS HABEN ○	EIN GUTER FREUND SEIN ○
RUHIG BLEIBEN ○	SICH MÜHE GEBEN ○	FREIHEITEN GENIESSEN ○
BROTERWERB ○	RAUSGEHEN ○	DIESE 1 SACHE ○
ZUFRIEDENHEIT ○	LUSTIGE TWEETS ○	DEN DURCHBLICK HABEN ○

ES IST NUR PAPIER!
FALTE DIESE SEITE
IN DER MITTE!

WENN DU JEDEN TAG DAS GLEICHE
OUTFIT ANZIEHEN MÜSSTEST,
WIE SÄHE ES AUS? BESCHREIBE
ODER ZEICHNE DEINEN STYLE!

LIEBLINGSBÜCHER:

(BESCHRIFTE DIE BUCHRÜCKEN!)

MAL EINE NADEL GENAU IN DIE MITTE DER SEITE. SEHR GUT. JETZT FÜGE EINEN HEUHAUFEN HINZU. VERSUCH, DIE NADEL NICHT AUS DEN AUGEN ZU VERLIEREN!

ES GIBT IMMER NOCH ETWAS ZU ENTDECKEN

(FÜLL DIESE SEITE MIT STERNCHEN)

* * * * * * *

FÜR ALLE HARTEN JUNGS:
ZEICHNE EIN PAAR T-SHIRTS
UND SCHNEID DANN DIE ÄRMEL AB.

STRANDTAG! YEEEAAAAHHH!

ZEICHNE ALLES, WAS DU MITNEHMEN WILLST:

WER WAR IN DEINER KINDHEIT DEIN BESTER FREUND? IST DAS NOCH IMMER SO? WAS MACHT DIESER FREUND JETZT?

KLEB EINE HAARSTRÄHNE AUF DIESE SEITE. IRGENDWANN HAST DU VIELLEICHT KEINE MEHR …

* Erinnerst du dich noch daran, dass du dir vor sechs Monaten selbst einen Brief schreiben solltest? Blätter zurück und such ihn!

ES IST NUR PAPIER!

SCHREIB IMMER WIEDER »VORSICHT!« AUF DIE SEITE,
DANN ZERREIẞ SIE IN KLEINE STÜCKE
UND LASS DIE FETZEN VOM WIND WEGWEHEN.

* Diese Seite wird im Wind fliegen …

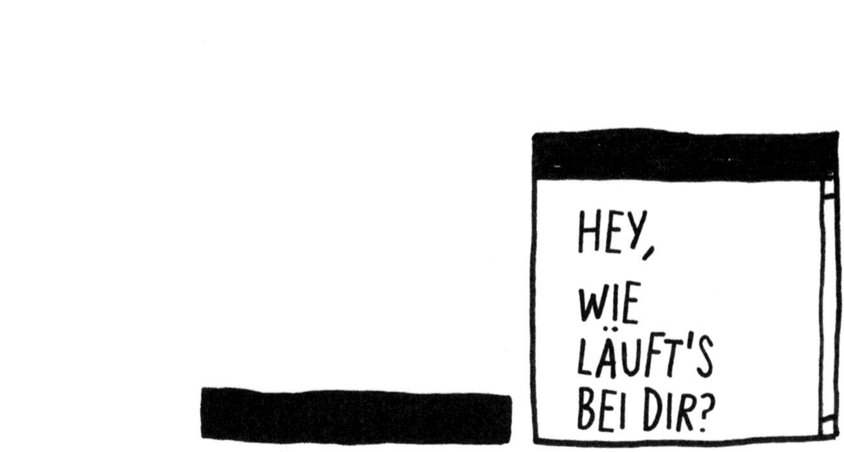
HEY,
WIE LÄUFT'S BEI DIR?

DAS HIER KANN ALLES SEIN, WAS DU WILLST!

SCHREIB HIER ALLE DEINE
SCHLECHTEN ANGEWOHNHEITEN
AUF UND SCHNEID DANN
DAS FELD AUS!

MACH DIR NICHT SO VIELE GEDANKEN DARÜBER, OB ANDERE LEUTE EIN SPANNENDERES LEBEN FÜHREN ALS DU. #NOFILTER

SCHREIB DIE EINE NACHRICHT,
DIE DU DICH NICHT TRAUST
ABZUSCHICKEN

NENNE 5 LEUTE, ZU DENEN DER KONTAKT ABGEBROCHEN IST. WAS WAR DA LOS?

1 ______________________________

2 ______________________________

3 ______________________________

4 ______________________________

5 ______________________________

ZUCKER
WASSER
ZERO LIGH
KARAMEL
FARBSTOF

SCHREIB EINEN BRIEF AN JEMANDEN, DEN DU NUR AUS DEM INTERNET KENNST & BEI DEM DU DICH NICHT DARAN ERINNERN KANNST, WIESO DU IHN ALS FREUND HINZUGEFÜGT HAST.

SCHICK DIESER PERSON EIN FOTO VON DIESER SEITE, UM DAS EIS ZU BRECHEN.

MACH DIR EINEN GENAUEN PLAN,
DAMIT DU DIESE WOCHE ALLES HINKRIEGST,
WAS DU DIR VORGENOMMEN HAST:

GUCK HEUTE MAL NACH OBEN!
ACHTE AUF SPANNENDE STUCKDECKEN, FLIESEN ODER GROẞE RISSE. MAL DEINE LIEBLINGSENTDECKUNG HIERHIN.

DIE BESTEN LIEDER ZUM UNTER-DER-DUSCHE-SINGEN:

1. NATALIE IMBRUGLIA
   »TORN«

2.

3.

4.

5.

6.

7.

8.

Eins

Keins

Irgendeins

Deins

Meins

DATE-CHECKLISTE

- ☐ FRISUR ÜBERPRÜFEN
- ☐ ONLINE STALKEN
- ☐ 20 UHR
- ☐ NEUES HEMD
- ☐ 20:05 UHR
- ☐ ZÄHNE PUTZEN
- ☐ ES GEHT LOS!
- ☐ SCHWITZIGE HÄNDE
- ☐ AUF DER UNTERLIPPE KAUEN
- ☐ ZU LAUT LACHEN
- ☐ SCHMETTERLINGE
- ☐ SCHÜCHTERN SEIN
- ☐ SMALLTALK
- ☐ NOCH MEHR LACHEN
- ☐ TIEFGRÜNDIGES GESPRÄCH
- ☐ TANZEN
- ☐ MEHR TRINKEN
- ☐ DER ERSTE KUSS!!
- ☐ ZU DIR ODER ZU MIR?
- ☐ VIELLEICHT DAS NÄCHSTE MAL
- ☐ JETZT ERST MAL ALLES EINEM FREUND ERZÄHLEN

ERZÄHL MIR MEHR ÜBER DIESE EINE TOTAL LUSTIGE SACHE:

* Hahaha, o Mann. Puh. Das muss ich erst mal verdauen. Erzähl mir mal bitte was total Langweiliges, damit ich aufhören kann zu lachen.

WOW,
ALLE FINDEN
DEINEN LETZTEN
POST SUPER!

75.631 »GEFÄLLT MIR«-ANGABEN ♥ ♡

ES IST NUR PAPIER!

MAL HIER EINE MAUER HIN.

BAU SIE ERST AUF UND DANN REIß SIE AB.

* Wenn du deine Mauer nicht abgerissen hast, ist das auch in Ordnung. Vielleicht musst du es langsam angehen lassen, Stein für Stein.

WIE WAR DEIN TAG?

WAS WAR DER BESTE RATSCHLAG, DEN DU JEMALS ERHALTEN HAST?

WANN WAR DIE ERSTE BEERDIGUNG, AUF DER DU JE WARST? MEINST DU, DASS ES MIT DER ZEIT LEICHTER WIRD? WIE ERWEIST MAN EINER GELIEBTEN PERSON DIE LETZTE EHRE?

NENNE 10 DINGE, DIE DU GERNE MACHST

1 ______

2 ______

3 ______

4 ______

5 ______

6 ______

7 ______

8 ______

9 ______

10 ______

1. MAL EINEN ARM
2. BEDECKE IHN MIT TATTOOS

WIR SIND ALLE MITEINANDER VERBUNDEN

(MALE HIER GANZ VIELE W-LAN-ZEICHEN HIN)

ABER WIE LAUTET DAS

Passwort?

* Heute wird ein richtig guter Tag.

STELL DIR DEN COOLSTEN JOB VOR, DEN ES GIBT, UND ZEICHNE DIR EINE VISITENKARTE!

VORNE:

HINTEN:

SCHREIB EINE PEINLICHE GESCHICHTE AUF,
DIE EINEM FREUND VON DIR PASSIERT IST,
DAMIT DU SIE IN EINER REDE AUF SEINER
HOCHZEIT EINBRINGEN KANNST!

1. ZEICHNE DAS PERFEKTE ABENDESSEN!
2. FÜGE NOCH EINE ORDENTLICHE PORTION CHILISAUCE HINZU.

SENDEN
UPDATE
ABSCHICKEN
OKAY
SICHER
JA?
VIELLEICHT
SUPER

HEY,
WO
STECKST
DU?

WER WAR FRÜHER DER COOLSTE IN DEINER KLASSE? WAS MACHT DIESE PERSON JETZT? VERSUCH, ES RAUSZUFINDEN!

IM WAHRSTEN SINNE DES WORTES NICHTS

Los geht's, fluch mal in Schreibschrift!
Wie kann etwas, das so hübsch ist,
so beleidigend sein?

ICH BIN FEUER
UND FLAMME
FÜR DICH!

1. ZEICHNE DEN SINNLOSESTEN GEGENSTAND, DEN DU DIR VORSTELLEN KANNST.
2. HALTE IHN FÜR IMMER IN EHREN!

SCHREIB ES GROß!

WIE WÜRDEST DU AUSSEHEN,
WENN DU EIN LÖFFEL WÄRST?
GROẞ ODER KLEIN? MAL DICH!

REIß EINFACH MAL AUS! WOHIN GEHT'S?
WIE WILLST DU JETZT HEIßEN?

SCHREIB DEN FOLGENDEN SATZ ZWANZIGMAL AB.
ODER SO LANGE, BIS DU IHN GLAUBST!

SPÄTER WERDE ICH SICHER DARÜBER LACHEN KÖNNEN.

MACH DIR EIN PAAR NOTIZEN ZU DEN AKTUELLEN MODETRENDS IN DEINER STADT. WELCHES KLEIDUNGSSTÜCK HAST DU HEUTE AM HÄUFIGSTEN GESEHEN? UND WAS WAR EINZIGARTIG?

DIE PERFEKTEN LIEDER, UM ZU SCHWEIGEN

1. BOARDS OF CANADA
   »ALPHA AND OMEGA«

2.

3.

4.

5.

6.

7.

8.

REISEPLÄNE

PLAN EINEN ROADTRIP DURCH EUROPA. IN WELCHE ACHT STÄDTE WILLST DU AUF JEDEN FALL?

DIESE WOCHE

- ☐ AUSSCHLAFEN
- ☐ SICH GROẞARTIG FÜHLEN
- ☐ OKAY, WEITER GEHT'S

* Gönn dir mal einen Ausgehabend! *

SCHREIB JETZT MAL ALLE PLÄNE AUF, DIE DU FÜR DEN REST DEINES LEBENS HAST. OKAY, WAR NUR EIN WITZ. WELCHEN PROMI FINDEST DU HEIß?

WAS HAST DU HEUTE VOR?

KNAPP BEI KASSE? SCHNEID DIE ZÄHNE UNTEN AUS & LEG SIE UNTER DEIN KOPFKISSEN. VIELLEICHT KOMMT JA DIE ZAHNFEE!

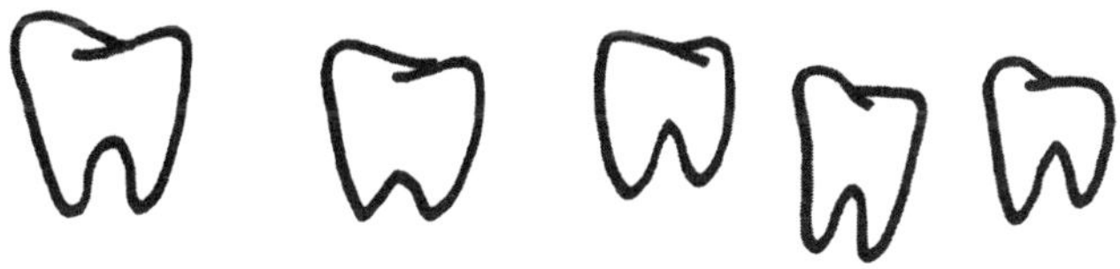

(MAL NOCH EIN PAAR DAZU, WENN DU MEHR BRAUCHST)

* Wie kann es sein, dass wir schon fast am Ende des Buchs sind? Die Zeit rast. Lass mich nicht zurück! Lass uns die letzten Seiten noch zusammen feiern.

STEH MORGEN FRÜH AUF, UM DEN SONNENAUFGANG
ZU SEHEN. WER IST SONST NOCH WACH?
WANN BIST DU DAS LETZTE MAL
SO FRÜH AUFGESTANDEN?

WAS DENKST DU, WIE DICH
JEMAND BESCHREIBEN WÜRDE,
DER DICH NICHT KENNT, ABER DICH
SCHON EIN PAARMAL VON WEITEM
GESEHEN HAT?

NENNE 8 LEUTE, MIT DENEN DU GERNE MAL ESSEN GEHEN WÜRDEST:

1 ______________________________

2 ______________________________

3 ______________________________

4 ______________________________

5 ______________________________

6 ______________________________

7 ______________________________

8 ______________________________

HAST DU IN LETZTER ZEIT EIN PAAR
GUTE BÜCHER GELESEN?

WAS SOLL DAS DENN FÜR EIN BUCH SEIN? GLAUBST DU WIRKLICH, DASS SICH IRGENDEIN BUCH SO GUT UM DICH KÜMMERN KANN WIE ICH? LASS MICH RATEN, ES HAT BESTIMMT SOGAR SEITENZAHLEN.

MACH
EINEN PLAN!

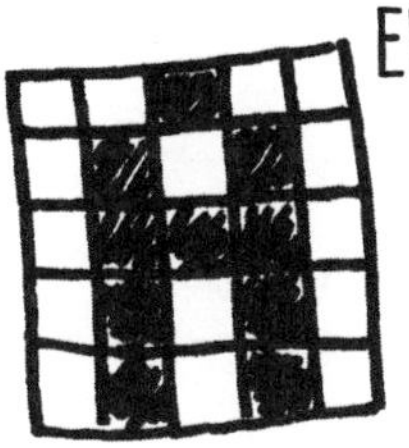

* Ich versuche ja, optimistisch zu bleiben, aber so ein Abschied ist immer so hart.
Heiter mich auf & erzähl mir eine Abschiedsgeschichte mit Happy End.

ZEICHNE SECHS UHREN,
JEDE ZU IHRER ZEIT.

LASS DIESE SEITE VON EINEM FREUND AUSFÜLLEN

ÜBERRASCH MICH!

NIMM DIR BEIM NÄCHSTEN DATE
HEIMLICH EIN KLEINES SOUVENIR MIT…
ABER MACH NICHTS GRUSELIGES!

SCHRB EINE BETRUKNENE SMS:
OMG
WIE BETRUNKEN BIST DU?

MAL DIR SO VIELE
STÜTZEN, WIE DU BRAUCHST!

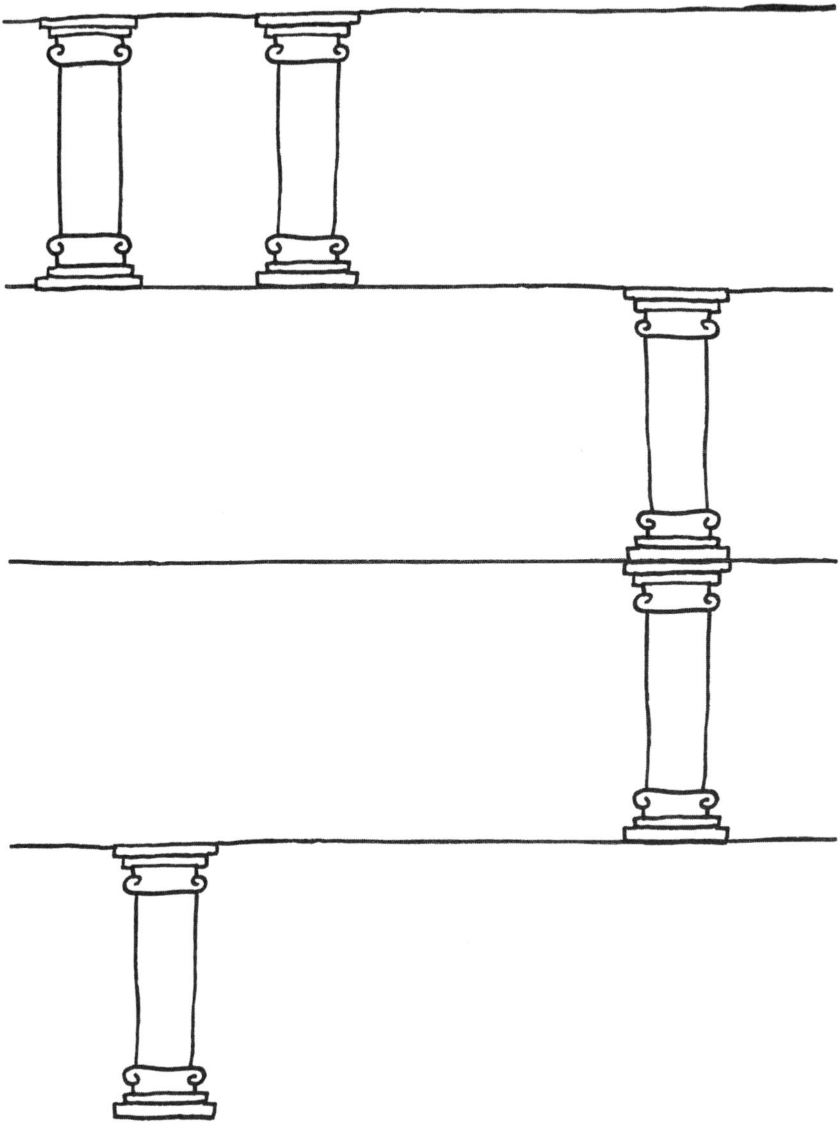

SCHREIB SECHS KURZGESCHICHTEN, DIE JEWEILS AUS SECHS WÖRTERN BESTEHEN:

* »Das war anstrengend, aber auch super.«

LASS UNS
DIE GANZE SEITE
VOLLKRITZELN!

* Zeichne ein Raster. Was ist eigentlich der Sinn dahinter? Ich hab keine Ahnung, aber konzentrier dich mal auf ein paar Punkte und guck, was dabei rauskommt!

DU BIST IN ORDNUNG!

ES KOMMT IMMER DRAUF AN,
WAS DU DRAUS MACHST ...

ALSO MACH WAS!

WAS ICH BRAUCHE:	WAS ICH WILL:

SCHREIB ES RIESIG

* Was magst du an dir selbst am liebsten?

DOPPELKLICK HIER

WENN DIR DIESE
SEITE GEFÄLLT

1. ZEICHNE EIN FAHRRAD
2. ZEICHNE EIN FAHRRAD FÜR ZWEI PERSONEN
3. ZEICHNE EIN FAHRRAD FÜR NULL PERSONEN

* ERINNER DICH AN DAS, WAS DIR WICHTIG IST.

GEH IN EIN EINKAUFSZENTRUM. KAUF GAR NICHTS.
WAS WOLLTEST DU AM LIEBSTEN HABEN?

MACH EINE PLAYLIST MIT DEM BESTEN LIED DER WELT:

1. MARIAH CAREY
   »ALL I WANT FOR CHRISTMAS IS YOU«

~~2.~~ SONST NICHTS

MACH MAL LANGSAM

WINTER-CHECKLISTE

- ☐ SCHNEE-ENGEL
- ☐ HEIẞER KAKAO
- ☐ WARMER SCHAL
- ☐ HEIZUNG
- ☐ BESCHLAGENE BRILLENGLÄSER
- ☐ SICHTBARER ATEM
- ☐ SCHNEEMÄNNER
- ☐ KALTE FÜẞE
- ☐ SCHLITTSCHUH LAUFEN
- ☐ SUPPE
- ☐ KAMIN
- ☐ SCHMUSEEINHEITEN
- ☐ SKI FAHREN
- ☐ EISZAPFEN
- ☐ SCHNEESCHIPP-DIENSTE
- ☐ IGLUS
- ☐ MATSCHIGER SCHNEE
- ☐ FEBRUAR
- ☐ NASSE KLEIDUNG
- ☐ NOCH MEHR SUPPE

(ALLES WIRD GUT, ICH HAB AUCH KEINE AHNUNG, WAS ICH HIER MACHE)

* Manchmal ist das Leben ganz schön kompliziert, und nichts scheint zu funktionieren.
Aber morgen ist immer ein neuer Tag, es gibt immer noch eine Chance. Ganz im Ernst.

VERGISS NIE, DICH ZU ERINNERN.

ES IST NUR PAPIER!

ERINNERST DU DICH NOCH DARAN, DASS DU EINEN 5-€-SCHEIN HIER EINGEKLEBT HAST?

SUCH IHN & *gib ihn aus!*

QUARTALS-CHECK-UP

DENK ÜBER DIE LETZTEN DREI MONATE NACH UND BEWERTE DICH AUF DER SMILEY-SKALA.

MACHEN WIR UNS NICHTS VOR > GUT AUSREICHEND SCHLECHT

ALLGEMEINE PROGNOSE ○	PERSÖNLICHKEITS-ENTWICKLUNG ○	GESUNDHEIT ○
GRÜNDLICHE PLANUNG ○	RÜCKSICHTNAHME ○	GUTE ERNÄHRUNG ○
SCHLAF-GEWOHNHEITEN ○	PHANTASTISCH SEIN ○	PSYCHISCHE GESUNDHEIT ○
TÄGLICHE KREATIVE LEISTUNG ○	HILFSBEREITSCHAFT ○	ZU HAUSE ANRUFEN ○
HARTE ARBEIT ○	SPAß HABEN ○	EIN GUTER FREUND SEIN ○
RUHIG BLEIBEN ○	SICH MÜHE GEBEN ○	FREIHEITEN GENIEßEN ○
BROTERWERB ○	RAUSGEHEN ○	DIESE 1 SACHE ○
ZUFRIEDENHEIT ○	LUSTIGE TWEETS ○	DEN DURCHBLICK HABEN ○

ES IST AN DER ZEIT FÜR: JAHRBÜCHER!

MAL DICH SELBST, WIE DU IN DEINER SCHULZEIT AUSSAHST & ERZÄHL MIR, WIE DU SO DRAUF WARST.

WIRD WAHRSCHEINLICH MAL:

_5_ DINGE, DIE DU SCHON IMMER MAL AUSPROBIEREN WOLLTEST:

1 ________________________________

2 ________________________________

3 ________________________________

4 ________________________________

5 ________________________________

KLAMMER DICH
FEST!

DU HAST ES GESCHAFFT!

ES IST VIEL ZEIT VERGANGEN, SEIT DU DIESES BUCH DAS ERSTE MAL AUFGEMACHT HAST, ABER SCHAU, WAS AUS UNS GEWORDEN IST. DU BIST EIN JAHR ÄLTER, UND ICH HABE VIEL ÜBER DEINE ERFAHRUNGEN, ZIELE UND VIELES MEHR HERAUSGEFUNDEN.

ICH BIN NICHT DER GLEICHE, DER ICH VORHER WAR. WIR SIND MIT JEDER SEITE ERWACHSENER GEWORDEN. JETZT MUSST DU DIR NUR NOCH EINEN STIFT NEHMEN UND DEN NAMEN VON DIESEM TYPEN AUF DEM COVER DURCHSTREICHEN. DU HAST ES GANZ ALLEIN GESCHAFFT, MACH GENAUSO WEITER!

MACH JEDEN TAG ETWAS NEUES, JEDEN EINZELNEN TAG. SCHREIB ES AUF, HALT ES FEST UND FASSE ALLES ZUSAMMEN. ES IST DEIN LEBEN, UND DU HAST ES IN DER HAND.

ES IST NUR PAPIER!
REIß DIE ZIELLINIE DURCH!

ES IST NUR PAPIER!
REIß DIE ZIELLINIE DURCH!

SCHREIB HIERHIN, WAS DU ERREICHT HAST!

SCHNELL! BEVOR DU GEHST:

WAS WAR DAS WICHTIGSTE,
DAS DU DIESES JAHR
GELERNT HAST?

DIE 5 BESTEN MOMENTE:

1 ______________________________

2 ______________________________

3 ______________________________

4 ______________________________

5 ______________________________

WIE SIEHST DU
IN 365 TAGEN AUS?

WAS WILLST DU ALS NÄCHSTES MACHEN?

KRITZEL ETWAS GROßARTIGES AUF DIESE SEITE

HIER GEHST DU HIN

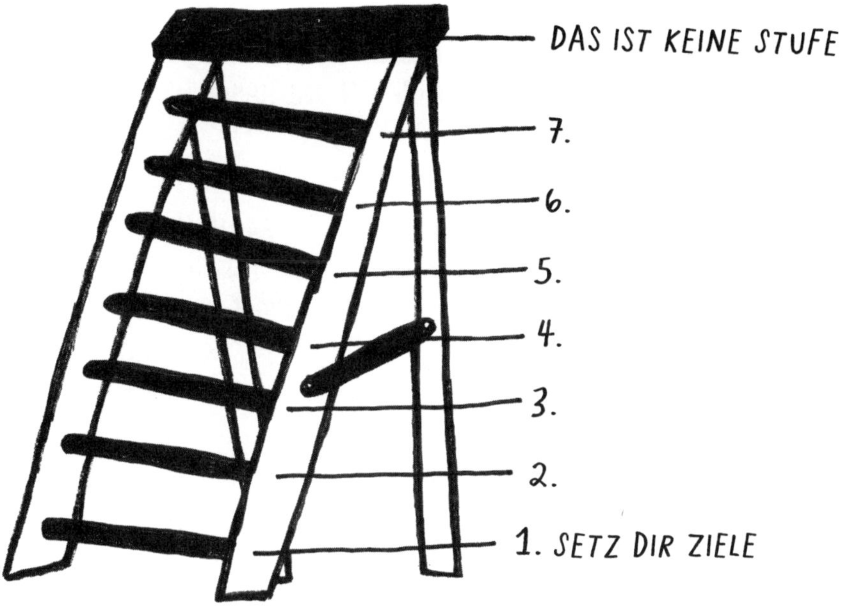

HIER BIST DU

1. ICH HABE DIESES BUCH SELBST ERARBEITET, ABER OHNE EINE GRUPPE VON KÜNSTLERN, DIE EINEN ÄHNLICHEN STIL HABEN UND MICH INSPIRIEREN, WÄRE DAS NICHT MÖGLICH GEWESEN.

2. DANKE AN ALLE, DIE AN MICH GLAUBEN, SOGAR DANN, WENN ICH SELBST NICHT WEIß, WAS ICH GERADE MACHE. ICH BIN JEDEM DANKBAR, DER SCHON MAL ETWAS MOCHTE, WAS ICH GEMACHT HABE, DER MIR GESCHRIEBEN HAT ODER AUF »GEFÄLLT MIR« GEKLICKT HAT.

3. DIESES BUCH IST IN EINEM SCHWIERIGEN JAHR ENTSTANDEN. ES KANN SICH UNMACHBAR ANFÜHLEN, 365 TAGE DURCHZUSTEHEN, ABER MAN SCHAFFT ES IMMER IRGENDWIE. DANKE AN MEINE FREUNDE, MEINE FAMILIE UND AN MITCHELL KUGA, DER IN BEIDE KATEGORIEN GEHÖRT.

4. DANKE AN MEINE LIEBLINGS-SINGER/SONGWRITERIN MICHELLE BRANCH, DIE ICH LEIDER NICHT PERSÖNLICH KENNE.